"Porque o sangue que herdamos não é somente o que trazemos ao chegar ao mundo. O sangue que herdamos está feito das coisas que comemos quando crianças, das palavras que nos cantaram ainda no berço, dos braços que cuidaram de nós, da roupa que nos agasalhou e das tempestades que outros venceram para nos dar vida. Mas, sobretudo, o sangue se tece com as histórias e os sonhos de quem nos faz crescer".

Ángeles Mastretta

Mãe, eu amo você!

Título original: Mãe, eu amo você!

EDITOR
Claudio Varela

DIRETOR EXECUTIVO
Ado Varela

CAPA E PROJETO GRÁFICO:
Genildo Santana

REVISÃO:
Marcella Nespoli Arcon

Imagens:
ShutterStock

CIP-BRASIL. CATALOGAÇÃO-NA-FONTE
SINDICATO NACIONAL DOS EDITORES DE LIVROS, RJ

M16
Mãe, eu amo você! / [seleção e organização] Véronique Brönte. -
São Paulo : Jardim dos Livros, 2007.
118p. : il., retrs.

ÍNDICE PARA CATÁLOGO SISTEMÁTICO:

1. Mães - Citações. 2. Maternidade - Citações. 3. Mães - Obras ilustradas. I. Brönte, Véronique.

2008

Mãe,

eu amo você!

Véronique Brönte

Jardim Dos Livros

Introdução

Fiquei pensando como poderia escrever e de que maneira expressar tudo o que sinto, além de toda gratidão que tenho e o quanto amo você. Foram tantas viagens, tantas lembranças, que sempre me perdia no momento de colocá-las no papel. Gostaria de algo que ficasse guardado, que marcasse, que traduzisse um pouco nosso amor. Resolvi então organizar alguns textos e imagens e transformar tudo em um livro, que agora lhe dou de presente.

Tudo nesse mundo pode ser incerto, menos o amor que sinto por você.

Tenho certeza de que **você vai gostar** dessa história.

Cole aqui
uma foto.

Seu Anjo

Contam que uma criança, pronta pra nascer, travou um diálogo com Deus:

- Disseram-me que serei enviado para a Terra daqui a pouco; como viverei lá, se sou pequeno e indefeso? Deus respondeu:

- Entre muitos anjos, escolhi um especial pra você. Estará lhe esperando e tomará conta de você.

- Mas, me diga, aqui no Céu eu não faço nada além de sorrir e cantar, o que é suficiente para que eu seja feliz. Serei feliz lá?

- Seu anjo cantará e sorrirá pra você todos os dias. Você sentirá o amor do seu anjo e será muito feliz.

- Como poderei entender quando falarem comigo, se eu não conheço a língua que as pessoas falam?

- Com muita paciência e carinho, seu anjo lhe ensinará a falar.

- Como vou fazer quando quiser voltar a falar com o Senhor?

- Seu anjo juntará suas pequenas mãos e ensinará você a rezar.

- Eu ouvi que na Terra há homens maus. Quem me protegerá?

- Seu anjo lhe defenderá, mesmo quc signifique arriscar a própria vida. Nesse momento havia muita paz no Céu, mas as vozes da Terra já podiam ser ouvidas. A criança, apressada, fez ainda uma última pergunta:

- Oh meu Deus... Estou a ponto de partir, diga-me, qual o nome do meu anjo? E Deus lhe respondeu com a mais suave das vozes:

- Você chamará seu anjo de... MÃE.

Frases

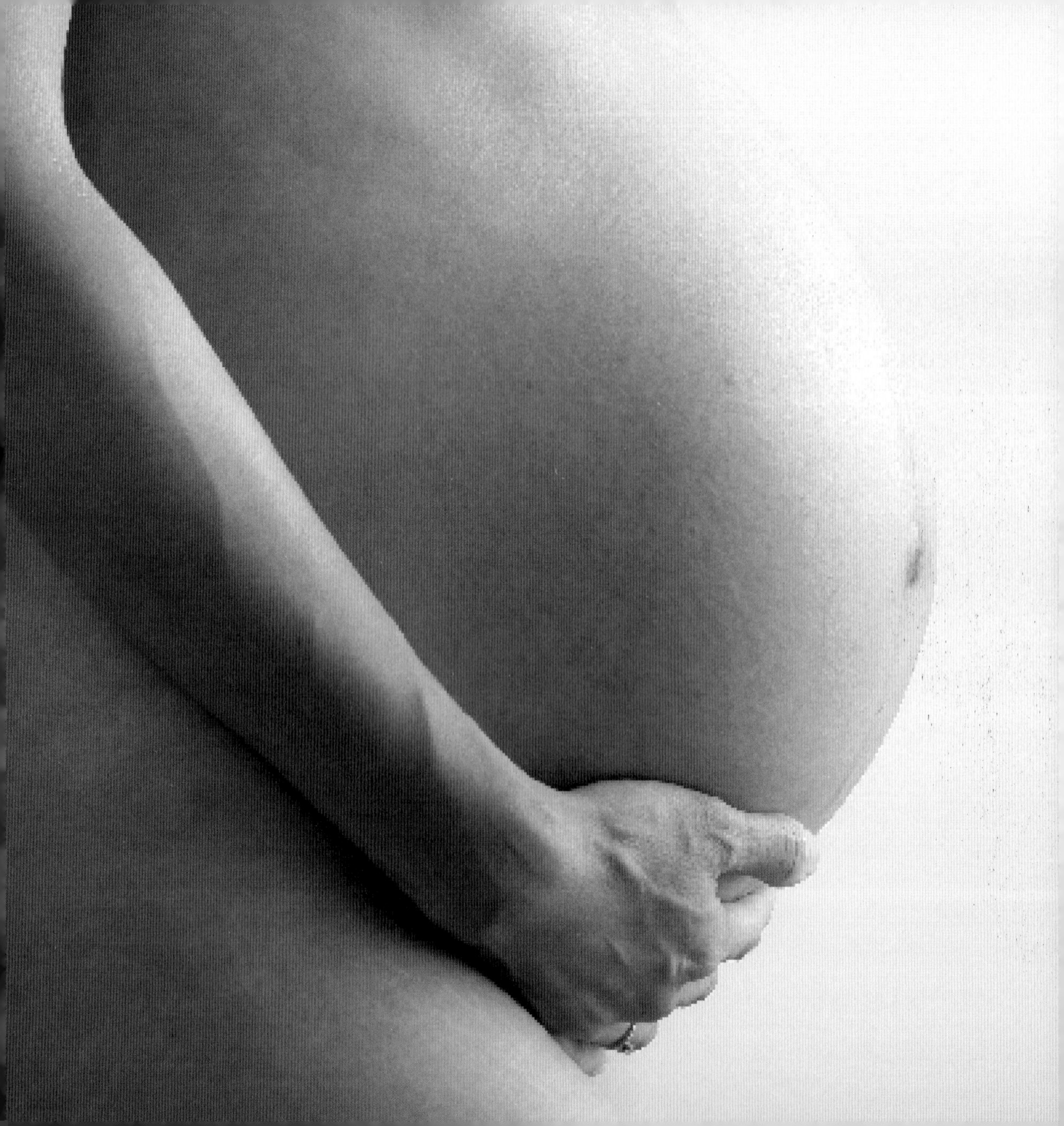

Amor é vicio, mas daqueles saudáveis. Comecei a falar o quanto eu te amo e não consegui parar mais. Foi ai que resolvi selecionar alguns textos que traduzem o que sinto, e que invadem meus pensamentos e coração quando penso em você.

Amo você.

"Minha mãe foi a mulher mais bela que jamais conheci. Tudo o que sou, devo a minha mãe. Atribuo todos os meus sucessos nesta vida ao ensino moral e intelectual que recebi dela".

George Washington

"Mãe: a palavra mais bela pronunciada pelo ser humano"

Khalil Gibran

"Eu me lembro das preces da minha mãe e elas têm sempre me acompanhado. Elas se uniram a mim durante toda a minha vida."

Abraham Lincoln

"Nenhuma influência é tão poderosa quanto aquela de mãe."

Sarah Josepha Hale

"Os braços de uma mãe são feitos de ternura e os filhos dormem profundamente neles."

Victor Hugo

"O coração de uma mãe é um abismo profundo em cujo fundo você sempre encontra perdão."

Honoré de Balzac

“As mães são mais carinhosas que os pais de seus filhos porque elas têm mais certeza de que eles são delas.”

Aristóteles

"Quando você é mãe, você nunca está realmente sozinha em seus pensamentos. Uma mãe sempre tem que pensar duas vezes, uma por ela e outra por seu filho."

Sophia Loren

“Todas as mulheres ficam como suas mães. Esta é a sua tragédia. Nenhum homem fica. Esta é a deles.”

Oscar Wilde

"Qualquer mãe poderia facilmente desempenhar o papel de vários controladores de tráfico aéreo."

Lisa Alther

"Mãe é o nome de Deus nos lábios e corações das crianças pequenas."

William Makepeace Thackeray

"O laço que une mãe e filho é de tão pura e imaculada força para nunca ser violado."

Washington Irving

"Tudo é incerto neste mundo hediondo, mas não o amor de uma mãe."

James Joyce

"Uma garotinha, perguntada onde era sua casa, respondeu, 'onde minha mãe está.'"

Keith L. Brooks

"A maternidade tem o preço determinado por Deus, preço que nenhum homem pode ousar diminuir ou não entender."

Helen Hunt Jackson

Certa vez minha mãe disse: o bem que você faz hoje pode ser esquecido amanhã. Faça o bem assim mesmo.

A mulher partiu o pão em dois pedaços, entregando-os às crianças, que os comeram com avidez.

- Não pegou nada para ela – murmurou o sargento.
- Porque não tem fome – disse o soldado.
- Porque é mãe – respondeu o sargento.

Victor Hugo

"Conheci muita gente viajando pelo mundo, mas jamais conheci uma pessoa tão perfeitamente refinada quanto a minha mãe. Se valho alguma coisa, deve-se a ela."

Charles Chaplin

Sei que aquilo pelo qual queria á minha mãe não morrerá jamais. Sei que a morte nada destrói. Rompeu, sim, o fio que nos unia. Mas nada destruiu. Hoje não vive menos em mim do que enquanto ainda vivia.

José Luis Martin Descalzo

"O amor de mãe por seu filho é diferente de qualquer outra coisa no mundo. Ele não obedece à lei ou piedade, ele ousa todas as coisas e extermina sem remorso tudo o que ficar em seu caminho."

Agatha Christie

A palavra mãe está oculta em nossos corações e acode a nossos lábios nas horas de tristeza e nas horas de felicidade, como o perfume que emana do coração da rosa e se mistura com o ar diáfano, assim como o ar nebuloso.

Khalil Gibran

"Uma mãe até entende aquilo que o filho não diz."

Provérbio Judeu

"Algumas mães são carinhosas e outras são repreensivas, mas isto é amor do mesmo modo, e a maioria das mães beija e repreende ao mesmo tempo."

Pearl S. Buck

"No momento em que uma criança nasce, a mãe também nasce. Ela nunca existiu antes. A mulher existia, mas a mãe não. Ser mãe é algo absolutamente novo."

Rajneesh

"Uma mãe nunca deixa seu filho em casa, mesmo quando não o carrega consigo."

Margaret Culkin Banning

“Deus não poderia estar em todos os lugares, por isso Ele criou as mães.”

Provérbio Judeu

"Se a evolução realmente funciona, como é possível as mães terem apenas duas mãos?"

Milton Berle

"De todos os direitos de uma mulher, o maior é ser mãe."

Autor desconhecido

"O coração de uma mãe é a sala de aula do seu filho."

Henry Ward Beecher

"O amor de mãe é o combustível que permite a um ser humano fazer o impossível."

Marion C. Garretty

“O trabalho de um homem é de sol a sol, mas o trabalho de uma mãe nunca termina.”

Nicole S. Sobrinho

"A beleza do jardim é a arvore chamada amor. Procuras por todos os lugares, mas só a encontraras na rosa chamada mãe...a mais bela flor."

D. Macedo

"O sorriso de mãe é o idioma do amor universal; até as crianças compreendem."

Marina Pessoa

"As mães são todas iguais elas só mudam de endereço."

Pedro Varela

"Um gesto amável de uma mãe, por menor que seja, nunca passa despercebido."

Letícia Tikeni

"O amor de mãe é luz que suplanta toda sombra e remédio para todos os males."

Vitor Marcell

“O melhor exemplo de amor é os das mães que sabem amar com renuncia.”

Lívia Ozano

"Mãe é a pessoa com quem se pode ser sincero. Diante dela podemos pensar em voz alta."

Renan Sant'ana

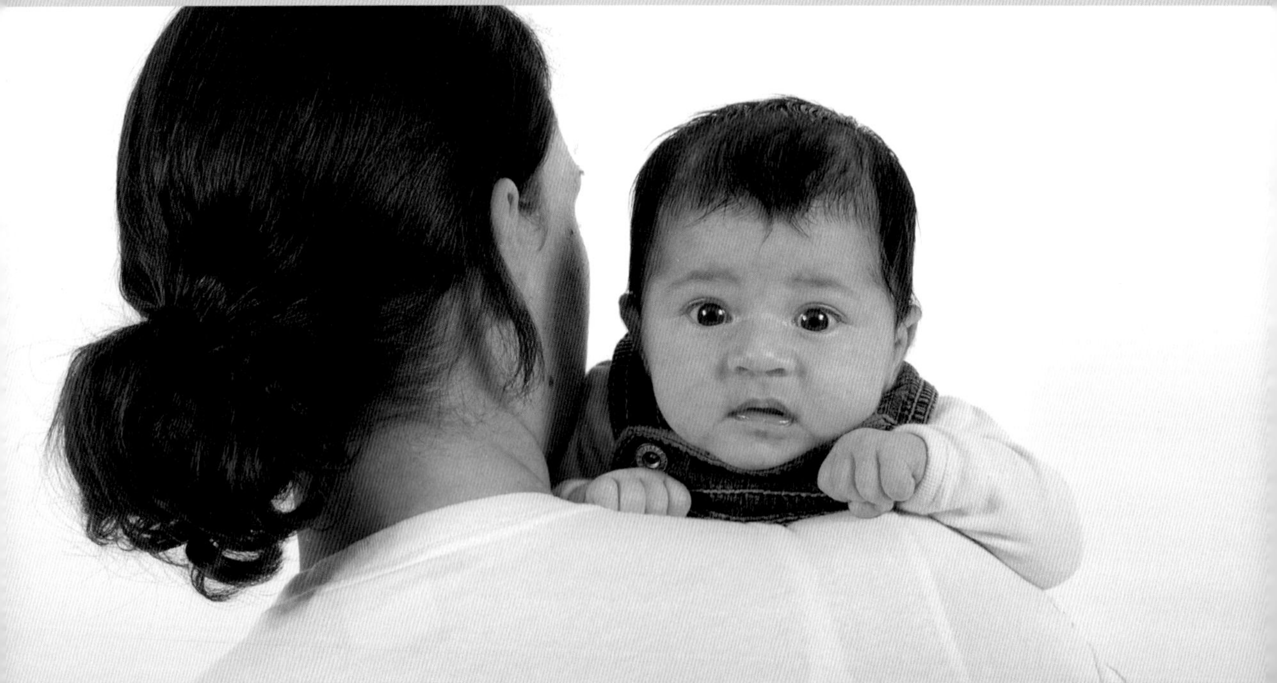

“Tu te tonas eternamente responsável por aquilo que cativas.”

Antoine de Saint-Exupèry

Poemas

Fiquei um pouco confuso, porque são textos lindos, ótimas citações e poemas, tudo com muito amor. Por que não deixar tudo junto? De toda forma você sempre gosta do que eu faço, não é, Mãe?

Amo você.

Ser Mãe

Ser mãe é desdobrar fibra por fibra
o coração! Ser mãe é ter no alheio
lábio que suga, o pedestal do seio,
onde a vida, onde o amor, cantando, vibra.

Ser mãe é ser um anjo que se libra
sobre um berço dormindo! É ser anseio,
é ser temeridade, é ser receio,
é ser força que os males equilibra!

Todo o bem que a mãe goza é bem do filho,
espelho em que se mira afortunada,
Luz que lhe põe nos olhos novo brilho!

Ser mãe é andar chorando num sorriso!
Ser mãe é ter um mundo e não ter nada!
Ser mãe é padecer num paraíso!

(Coelho Neto)

Para sempre

Por que Deus permite
que as mães vão-se embora?
Mãe não tem limite,
é tempo sem hora,
luz que não apaga
quando sopra o vento
e chuva desaba,
veludo escondido
na pele enrugada,
água pura, ar puro,
puro pensamento.

Morrer acontece
com o que é breve e passa
sem deixar vestígio.

Mãe, na sua graça,
é eternidade.
Por que Deus se lembra
- mistério profundo -
de tirá-la um dia?
Fosse eu Rei do Mundo,
baixava uma lei:
Mãe não morre nunca,
mãe ficará sempre
junto de seu filho
e ele, velho embora,
será pequenino
feito grão de milho.

(Carlos Drummond de Andrade)

Minha mãe

Minha mãe, minha mãe, eu tenho medo
Tenho medo da vida, minha mãe.
Canta a doce cantiga que cantavas
Quando eu corria doido ao teu regaço
Com medo dos fantasmas do telhado.
Nina o meu sono cheio de inquietude
Batendo de levinho no meu braço
Que estou com muito medo, minha mãe.
Repousa a luz amiga dos teus olhos
Nos meus olhos sem luz e sem repouso
Dize à dor que me espera eternamente
Para ir embora. Expulsa a angústia imensa
Do meu ser que não quer e que não pode
Dá-me um beijo na fonte dolorida
Que ela arde de febre, minha mãe.

Aninha-me em teu colo como outrora
Dize-me bem baixo assim: — Filho, não temas
Dorme em sossego, que tua mãe não dorme.
Dorme. Os que de há muito te esperavam
Cansados já se foram para longe.
Perto de ti está tua mãezinha
Teu irmão, que o estudo adormeceu
Tuas irmãs pisando de levinho
Para não despertar o sono teu.
Dorme, meu filho, dorme no meu peito
Sonha a felicidade. Velo eu
Minha mãe, minha mãe, eu tenho medo
Me apavora a renúncia. Dize que eu fique
Afugenta este espaço que me prende
Afugenta o infinito que me chama
Que eu estou com muito medo, minha mãe.

(Vinicius de Moraes)

Mãe

Mãe... São três letras apenas
As desse nome bendito:
Também o Céu tem três letras...
E nelas cabe o infinito.
Para louvar nossa mãe,
Todo o bem que se disse
Nunca há de ser tão grande
Como o bem que ela nos quer...
Palavra tão pequenina,
Bem sabem os lábios meus
Que és do tamanho do Céu
E apenas menor que Deus!

(Mário Quintana)

Obrigado Senhor!

Obrigado, Senhor, pela mãe que você me deu...
... por todas as Mães do mundo
... pelas mães brancas , de pele alvinha ...
... pelas pardas , morenas ou bem pretinhas ...
... pelas ricas e pelas pobrezinhas ...
... pelas mães-titias, pelas mães-vovós, pelas madrastas-mães ,
... pelas professoras-mães ...
... pela mãe que embala ao colo o filho que não é seu ...
... pela saudade querida da mãe que já partiu ...
... pelo amor latente em todas as mulheres , que
desperta ao sentir desabrochar em si uma nova vida ...
... pelo amor , maravilhoso amor que une mães e filhos ...
Eu lhe agradeço , Senhor !

(Autor desconhecido)

Amor de Mãe

O Amor da mãe pode ser traduzido
em uma palavra: doação.
Falar desse sentimento é entender que ele
é a mais completa forma de amor.
Um amor que se doa,
coloca em primeiro plano o bem-estar,
a segurança de um outro ser.
Impossível falar de mãe
sem falar da pureza de um amor,
que diante de todo o sofrimento disse Sim: Maria.
Uma mãe que,
como tantas mães em nosso país,

olha com lágrimas nos olhos o presente
e o futuro árduo do filho.
Talvez seja por isso que a mãe Maria
se expressa em cada olhar de mãe,
em cada gesto de doação da mulher.
No rosto de uma mulher que assume
a maternidade inteiramente,
mesmo diante de tudo o que há de vir,
há a presença iluminada de um lado vivo,
mas esquecido por todos,
homens e mulheres:
O AMOR!!!!

(Autor desconhecido)

A você, mãe, que chamo de amor!

Expressão de amor
tua voz suave, calor
melodia que irradia alegria.
Teus olhos, pérolas de tão raro valor
teu sorriso, beleza de uma flor!

Do teu ventre a semente da vida
dos teus seios o alimento, milagre do amor!
Guardas dentro de ti tanto zelo
que chegas a sentir dor!

És consagrada mulher,
que rompe o inexplicável,
de frágil a mais forte e perfeita,
a menina que vira mulher!

Pequenina em teu colo senti calor
pequenina em teu ventre já sentia tanto amor!

Quero-te mãe querida,
pra sempre em minha vida

te quero com em criança,
te quero hoje já mulher,
ter quero por todo sempre,
te quero por ser a minha força e amor!

Quero-te em todos os meus dias,
nas horas que nem preciso for.
Quero-te na ausência da alegria,
pois tua vida traz o acalanto nas horas de dor!

Quero-te quando tudo em minha vida se for
te quero, pois és o maior presente,
meu tesouro guardado no peito.
Quero-te eternamente mãe,
que Deus chamou de amor!

(Denise Macedo)

Eternamente Mãe

MÃE...
que na presença constante me ensinou
na pureza do seu coração a vislumbrar
caminhos...

MÃE...
dos primeiros passos, das primeiras
palavras...

MÃE...
do amor sem dimensão, de cada momento,
dos atos de cada capítulo de minha vida
não ensaiados, mas vividos em cada
emoção...

MÃE...
da conversa no quintal, do acalanto do
meu sono aquecido de amor, aninhada
em seu coração...

MÃE ...
do abraço, do beijo que levo na
lembrança...

MÃE...
é você que me inspira a caminhar...

MÃE...
a presença de cada passo que o
tempo não apaga: por mais longo
e escuro que seja o caminho, haverá
sempre um horizonte...

MÃE...
Mulher a quem devemos a vida,
que merece o nosso respeito,
nossa gratidão e nosso afeto.

(Autor Desconhecido)

Doce amada

Doce amada, que a mim presenteou com a vida
por nada neste mundo compara
o amor que a mim dedicou.
Tenho em profunda ser, a marca desse grande amor.
Quero apenas viver para compensar este imenso bem querer
e puro amor!
As lembranças são tão doces
dos tempos de criança
lembro do seu rosto bem próximo velando meu sono
e cantando uma canção de ninar

Tenho em meus pensamentos tantas lembranças
lembro das enormes asas a me guardar
não era um anjo do céu
mas era do céu um anjo enviado para me proteger e amar!
Teu amor tão intenso
teu sorriso tão alegre
teu colo suave
como a brisa lá de fora
Hoje pouco que falo basta
para demonstrar tanto amor

agradeço por tudo mãe querida
por tudo que deu de graça
seu carinho e amor!
Nada compara mulher o que me ensinaste a ser
hoje já sou mulher
mas a guardo a bondade de criança
a pureza e a delicadeza herdada de você

Teus ensinamentos ficam guardados
pois me tornaste em alguém de bem
valeu aquela bronca
valeu o puxão de orelha
na tua forma de ser
pois aprendi com você a ser filha também
e hoje levo para minha vida
a sua história de mulher,
de mãe e amiga que soubestes ser
como ninguém, por isto,
dedico minha vida a você
oh minha querida mãe e grande mulher!

(Denise Macedo)

Segundo

Em apenas um segundo eu posso lhe dizer
A magia do sonho que nasce por lhe querer
Em apenas um segundo eu posso lhe dizer,
Que nada há de nos separar porque somos um só ser.
Mas nem todo tempo do mundo me faria refazer o tempo e o meigo mundo que agora vivo com você, pois nem todo o tempo do mundo me fará compreender que um dia por aventura eu posso lhe perder.

(Patrícia L. Silva)

Ser mulher

É ser forte
Ser fraca
É ser sabia
Ser ingênua
É ser alegre
Ser triste
É ser elegante
Ser linda
É ser apaixonada
Ser amada
É ser cheia de graça
Ser amiga
Ser de qualquer maneira
É ser
Meiga
Única
Linda
Humilde
Especial
Radiante

(Priscila Lima)

Mulher...

És a razão
da beleza
do encanto
e da magia
mulher...
Tens um sorriso
que ilumina a profunda escuridão.

Mulher hospeda
no ventre de outras almas,
dá a luz
e depois se ilumina
com a beleza que gerou

Bem maior que o mar
maior que toda a natureza
é a beleza da mulher brasileira.

(José Roberto da Cruz Felipe)

Mulher

Um aroma suave
nasceu das mãos do criador
quando seus olhos contemplaram
a solidão do homem no jardim!
Foi assim:
o senhor desenhou
o ser gracioso, meigo e forte
que sua imaginação perfeita produziu
um novo milagre:
fez-se carne,
fez- se bela,
fez-se amor,
fez-se na verdade, como ele quer!
O homem colheu a flor,
beijou-a com ternura,
chamando-a simplesmente,
mulher!

(Aline Figueiredo da Silva)

Mãe e Filho

Mãe ! A teu filho muitas vezes dissestes
Que o céu tem anjos e há
Só alegrias no viver celeste
E que é melhor viver por lá;
Que é um zimbório de pilastras belas,
Tenda de ricas cores;
Jardim de anil e lúcido de estrelas
Que se abrem como flores;
Que é o mundo dos seres invisíveis
Do qual Deus é o autor,
De místico azul, de inexauríveis
Gozos, do eterno amor;
Que é doce lá, num êxtase que encanta,
Sentir que a alma se abrasa,
E viver com Jesus e a Virgem Santa
Numa tão linda casa...

Mas nunca lhe disseste, inconsolável
Mãe, chorosa mulher,
Que ele, o pequeno, te era indispensável,
Que ele te era necessário;
Que pelos filhos, quando são pequenos,
Muito as mães se consomem,
Mas que a mãe com seu filho conta ao menos
Quando for velha, e ele homem.
Nunca disseste que no escuro trilho
Da vida, Deus, que é pai
Quer que o filho a mãe guie, e a mãe ao filho,
Pois um sem o outro cai...
Nunca disseste! e agora, morto, apertar
Nos braços teu filhinho!
Deixaste as portas da gaiola aberta,
Voou o passarinho...

(Manuel Bandeira)

Mãe Velha

Cabelo era preto.
Que liso era o rosto!
Teu corpo era flor.

Cabelo era preto.
mas hoje, Mãe Velha,
cabelo branquinho,
geada e agosto
que não levantou.

Que liso era o rosto!

Agora, Mãe Velha,
rosto enrugadinho
parece co'as frutas
que o tempo secou.

Teu corpo era flor.
Mas hoje, Mãe Velha,
da flor, que ficou?

Só haste pendida
que a vida deixou.
A cor do cabelo
passou pro vestido.

O arado do pranto
no liso do corpo
que fundou, que arou!

A haste pendida
curavada pra terra,
e a terra reclama
o que falta da flor.

- Papai foi pra guerra!
dizia o piá.
Mãe Velha era moça
no tempo que foi.

Mas veio a notícia:
- Teu homem morreu,
de lenço encarnado
e de lança na mão.
E os homens passavam
nos magros cavalos,

com barbas de mato,
com palas rasgados,
com pena da moça,
com raiva da guerra,
que mata um gaúcho
pra erguer um herói.

Mãe Velha - era moça -
chorou muito choro
no seu avental!
Abriu o oratório
da sala do rancho,
rezou padre-nosso
por alma do homem
que a guerra levara
de lenço encarnado
e de lança na mão.
E a Virgem Maria,
seu Filho nos braços,
olhava mãe moça
Mãe Velha ficar.
E a vida espiava
Mãe Velha viver:
- madrugada na mangueira,
leite branco na caneca,

chaleira chia na chapa,
costume faz chimarrão.
Gamela, farinha branca,
forno aceso, sova pão,
charque magro na panela,
canjica, soca pilão,
manjericão na janela,
vassoura roda no chão...

E a vida cobrava
tostão por tostão.
Mãe Velha, mais velha,
pagava pro tempo
a usura do dia.
Um sol que sumia
era mais um dobrão.
Piá se fez homem.
Mãe Velha com medo da revolução
Um dia, por fim,
piá foi s'embora
seguindo um clarim.
Mesminho que o pai:
de lenço encarnado
e de lança na mão.

Guria cresceu.
Sobrou no vestido
da chita floreada
que a mãe lhe cozeu.
Depois... se perdeu.

Mãe Velha chorando
o que a vida lhe fez,
no velho oratório
já reza por três.

A noite tem fala
na boca da noite,
a vida é mudinha,
nem boca não tem.

Por isso que a vida
ninguém não entende,
Mãe Velha, ninguém.
A vida, Mãe Velha,
que é mãe e mulher.

(*Apparicio Silva Rillo*, Livro “Caminhos de Viramundo” - Martins Livreiro Editor. 1979)

Minha Mãe

Da pátria formosa distante e saudoso,
Chorando e gemendo meus cantos de dor,
Eu guardo no peito a imagem querida
Do mais verdadeiro, do mais santo amor:
— Minha Mãe! —

Nas horas caladas das noites d'estio
Sentado sozinho co'a face na mão,
Eu choro e soluço por quem me chamava
— "Oh filho querido do meu coração!" —
— Minha Mãe! —

No berço, pendente dos ramos floridos,
Em que eu pequenino feliz dormitava:
Quem é que esse berço com todo o cuidado
Cantando cantigas alegre embalava?
— Minha Mãe! —

De noite, alta noite, quando eu já dormia
Sonhando esses sonhos dos anjos dos céus,

Quem é que meus lábios dormentes roçava,
Qual anjo da guarda, qual sopro de Deus?
— Minha Mãe! —

Feliz o bom filho que pode contente
Na casa paterna de noite e de dia
Sentir as carícias do anjo de amores,
Da estrela brilhante que a vida nos guia!
— Minha Mãe!—

Por isso eu agora na terra do exílio,
Sentando sozinho co'a face na mão,
Suspiro e soluço por quem me chamava:
— "Oh filho querido do meu coração!" —
— Minha Mãe! —

(Casimiro de Abreu)

Mãe...

É bom saber que caminhamos juntos
navegar e preciso... Quem direciona seu olhar para o futuro, acreditando no presente, caminha na fé, a luz da esperança, fazendo da vida um altar,
e do trabalho um hino.
Continuar navegando é atravessar a casca dos acontecimentos, mergulhando mais fundo e voando mais alto.
É colher trigo sadio num campo,
é ser jovial diante dos problemas e desafios.
Sem esforço de nossa parte jamais atingiremos o alto da montanha.
Não desanime no meio da estrada, siga em frente porque os horizontes se tornarão amplos e maravilhosos na medida que for subindo os degraus na sua caminhada...mãe.

(Ana Cristina do Nascimento)

Escreva aqui o poema que você mais gosta!

Canções

Comecei pensar nas musicas.

Eu teria que separar um livro só para letras de música. São várias músicas lindas. Separei apenas quinze e toda vez que releio penso em trocar [*risos*]. Mas reservei espaço para acrescentar, assim que der vontade e o coração bater forte. Me ajuda completar?

Amo você.

Flor Mamãe

Andei por todos os jardins
Procurando uma flor pra te ofertar
Em lugar algum eu encontrei
A flor... perfeita pra te dar
Ninguém sabia onde estava
Essa flor mimosa perfeição
Ela se chama flor mamãe
E só nasce no jardim do coração

Enfeita, nossos sonhos
Perfuma, nossa ilusão
Flor divina, que eu suponho
Faz milagres em oração
Nesse dia, de carinho
Quero sentir lá no peito
Inebriando minha alma
Flor mamãe, amor perfeito

(Júlio Louzada / Jorge Gonçalves)

Beatriz

Olha
Será que ela é moça
Será que ela é triste
Será que é o contrário
Será que é pintura
O rosto da atriz
Se ela dança no sétimo céu
Se ela acredita que é outro país
E se ela decora o seu papel
E se eu pudesse entrar na sua vida

Olha
Será que ela é louça
Será que ela de éter
Será que é loucura
Será que é cenário
A casa da atriz
Se ela mora num arranha-céu
E se as paredes são feitas de giz

E se ela chora num quarto de hotel
E se eu pudesse entrar na sua vida

Sim
Me leva para sempre Beatriz
Me ensina a não andar
Com os pés no chão
Para sempre, é sempre
Por um triz
Diz, quantos desastres tem na minha mão
Diz, se é perigoso a gente ser feliz

Olha
Será que é uma estrela
Será que é mentira
Será que é comédia
Será que é divina
A vida da atriz
Se ela um dia despencar do céu
E se os pagantes exigirem bis
E se o arcanjo passar o chapéu
E se eu pudesse entrar na sua vida

(Chico Buarque/Edu Lobo)

Força estranha

Eu vi um menino correndo
eu vi o tempo brincando ao redor
do caminho daquele menino,
eu pus os meus pés no riacho.
E acho que nunca os tirei.
O sol ainda brilha na estrada que eu nunca passei.
Eu vi a mulher preparando outra pessoa
O tempo parou pra eu olhar para aquela barriga.
A vida é amiga da arte
É a parte que o sol me ensinou.
O sol que atravessa essa estrada que nunca passou.
Por isso uma força me leva a cantar,
por isso essa força estranha no ar.
Por isso é que eu canto, não posso parar.

Por isso essa voz tamanha.
Eu vi muitos cabelos brancos na fronte do artista
o tempo não pára no entanto ele nunca envelhece.
Aquele que conhece o jogo, o jogo das coisas que são.
É o sol, é o tempo, é a estrada, é o pé e é o chão.
Eu vi muitos homens brigando. Ouvi seus gritos
Estive no fundo de cada vontade encoberta,
é a coisa mais certa de todas as coisas.
Não vale um caminho sob o sol.
É o sol sobre a estrada, é o sol sobre a estrada, é o sol.
Por isso uma força me leva a cantar,
por isso essa força estranha no ar.
Por isso é que eu canto, não posso parar.
Por isso essa voz tamanha.

(Caetano Veloso)

Angélica

Quem é essa mulher
Que canta sempre este estribilho
Só queria embalar meu filho
Que mora na escuridão do mar
Quem é essa mulher
Que canta sempre esse lamento
Só queria lembrar o tormento
Que fez o meu filho suspirar
Quem é essa mulher
Que canta sempre o mesmo arranjo
Só queira agasalhar meu anjo
E deixar seu corpo descansar
Quem é essa mulher
Que canta como dobra um sino
Queira cantar por meu menino
Que ele já não pode mais cantar.

(Miltinho / Chico Buarque)

Estrela Soberana

Senhora mãe
Divina luz
Clara manhã
Que nos conduz
Aos céus, estrela soberana
Maria, Miriam, me chama
Acalma e banha
A minha pobre alma
Nas águas do seu coração

Estrela d'água
Rainha e paz
Estrela, estrela
Do amor demais
Senhora, doce esplendor
Derrama o mel de tua flor
E abraça a terra com o seu manto azul
Aromas, bálsamos de amor
Senhora mãe

(Elba Ramalho / Geraldo Azevedo)

A feminina voz do cantor

Minha mãe que falou
Minha voz vem da mulher
Minha voz veio de lá, de quem me gerou
Quem explica o cantor
Quem entende essa voz
Sem as vozes que ele traz do interior?

Sem as vozes que ele ouviu
Quando era aprendiz
Como pode sua voz ser uma Elis
Sem o anjo que escutou
A Maria Sapoti
Quando é que seu cantar iria se abrir?

Feminino é o dom
Que o leva a entoar
A canção que sua alma sente no ar
Feminina é a paixão
O seu amor musical
Feminino é o som do seu coração

Sua voz de trovador
Com seu povo se casou
E as ruas do país são seu altar
Feminino é a paixão
No seu amor musical
Feminino é o som do seu coração

Sua voz de trovador
Com seu povo se casou
E as ruas do país são seu altar
A cidade é feliz
Com a voz do seu cantor
A cidade quer cantar com seu cantor
Ele vai sempre lembrar
Da lenha do fogão
E das melodias vindo lá do quintal
As vozes que ele guardou
As vozes que ele amou
As vozes que ensinaram: bom é cantar

(Milton Nascimento / Fernando Brant)

Genipapo Absoluto

Como será pois se ardiam fogueiras
Com olhos de areia quem viu
Praias, paixões fevereiras
Não dizem o que junhos de fumaça e frio
Onde e quando é genipapo absoluto
Meu pai, seu tanino, seu mel
Prensa, esperança, sofrer prazeria
Promessa, poesia, Mabel

Cantar é mais do que lembrar
É mais do que ter tido aquilo então

Mais do que viver do que sonhar
É ter o coração daquilo

Tudo são trechos que escuto – vêm dela
Pois minha mãe é minha voz
Como será que isso era este som
Que hoje sim, gera sóis, dói em dós
"Aquele que considera"
A saudade de uma mera contraluz que vem
Do que deixou pra trás
Não, esse só desfaz o signo
E a "rosa também"

(Caetano Veloso)

Mãe

Mãe, minha mãe eu dou graças a Deus,
Por ter você
Por me compreender em todo o meu viver
Eu quero estar ao teu lado
Mãe, minha mãe quantas noites
Você passou sem dormir
Isso foi por causa de mim seu filho amado
Tudo fez por mim
Não me abandonou
Se hoje sou feliz

Foi por amor
Um presente de Deus
Foi ter você
Agradeço a Deus
Por você me pertencer
Quero estar contigo em seu caminhar
Para sempre o Deus
Vamos te adorar

(Andréa Fontes)

As rosas não falam

Bate outra vez
Com esperanças o meu coração
Pois já vai terminando o verão enfim

Volto ao jardim
Com a certeza que devo chorar
Pois bem sei que não queres voltar para mim

Queixo-me às rosas, mas que bobagem
As rosas não falam
Simplesmente as rosas exalam
O perfume que roubam de ti

Devias vir
Para ver os meus olhos tristonhos
E, quem sabe, sonhavas meus sonhos
por fim

(Cartola)

Mãe

Palavras, calas, nada fiz
Estou tão infeliz
Falasses, desses, visses não
Imensa solidão
Eu sou um Rei que não tem fim
E brilhas dentro aqui
Guitarras, salas, vento, chão
Que dor no coração
Cidades, mares, povo, rio
Ninguém me tem amor
Cigarra, camas, colos, ninhos
Um pouco de calor

Eu sou um homem tão sozinho
Mas brilhas no que sou
E o meu caminho e o teu caminho
É um nem vais nem vou
Meninos, ondas, becos, mãe
E só porque não estais
És para mim que nada mais
Na boca das manhãs
Sou triste, quase um bicho triste
E brilhas mesmo assim
Eu canto, grito, corro, rio
e nunca chego a ti

(Caetano Veloso)

Eu sei que vou te amar

Eu sei que vou te amar
Por toda a minha vida eu vou te amar
Em cada despedida eu vou te amar
Desesperadamente eu sei que vou te amar
E cada verso meu será
Pra te dizer que eu sei que vou te amar
Por toda a minha vida
Eu sei que vou chorar
A cada ausência tua eu vou chorar
Mas cada volta tua há de apagar
O que a tua ausência me causou
Eu sei que vou sofrer
A eterna desventura de viver
A espera de viver ao lado teu
Por toda a minha vida.

(Antonio Carlos Jobim / Vinícius de Moraes)

Mãezinha Querida

Minha mãezinha querida
Mãezinha do coração
Te adorarei toda vida
Com grande emoção
É tua esta valsinha
Foste a inspiração
Canto, querida mãezinha
A tua canção
Alegria
Com prazer
Com a grande emoção
Neste dia te dizer
Com muito amor e afeição
Ô minha mãe, minha santa querida
És um tesouro que eu tenho na vida
Eu te ofereço esta linda canção
Mãezinha do coração

(Lourival Faissal / Getúlio Macedo)

Motivo

Eu canto porque o instante existe
e a minha vida está completa.
Não sou alegre nem sou triste:
sou poeta.

Irmão das coisas fugidias,
não sinto gozo nem tormento.
Atravesso noites e dias
no vento.

Se desmorono ou se edifico,
se permaneço ou me desfaço,
- não sei, não sei. Não sei se fico
ou passo.

Sei que canto. E a canção é tudo.
Tem sangue eterno a asa ritmada.
E um dia sei que estarei mudo:
- mais nada.

(Cecília Meireles / Raimundo Fagner)

Só as mães são felizes

Você nunca varou
A *Duvivier* as 5
Nem levou um susto saindo do Val improviso
Era quase meio-dia
No lado escuro da vida
Nunca viu Lou Reed
"Walking on the Wild Side"
Nem Melodia transvirado
Rezando pelo Estácio
Nunca viu Allen Ginsberg
Pagando michê na Alaska
Nem Rimbaud pelas tantas
Negociando escravas brancas
Você nunca ouviu falar em maldição
Nunca viu um milagre
Nunca chorou sozinha num banheiro sujo
Nem quis ver a face de Deus
Já frequentei grandes festas
Nos endereços mais quentes
Tomei champanhe e cicuta

Com comentários inteligentes
Mais tristes que os de uma puta
No *Barbarella* as 15 pras 7
Você já reparou como os velhos
Vão perdendo a esperança
Com seus bichinhos de estimação e plantas?
Já viveram tudo
E sabem que a vida é bela
Você reparou na inocência
Cruel das criancinhas
Com seus comentários desconcertantes?
Elas adivinham tudo
E sabem como a vida é bela
Você nunca sonhou
Ser curada por animais
Nem transou com cadáveres?
Nunca traiu teu melhor amigo
Nem quis comer a tua mãe?
Só as mães são felizes
Por que nos dão a vida

(Cazuza / Roberto Frejat)

Lady Laura

Tenho às vezes vontade de ser
Novamente um menino
E na hora do meu desespero
Gritar por você
Te pedir que me abrace
E me leve de volta pra casa
Que me conte uma história bonita
E me faça dormir

Só queria ouvir sua voz
Me dizendo sorrindo:
Aproveite o seu tempo
Você ainda é um menino

Apesar da distância e do tempo
Eu não posso esconder
Tudo isso eu às vezes preciso
Escutar de você

Lady Laura, me leve pra casa

Lady Laura, me conte uma história
Lady Laura, me faça dormir
Lady Laura

Lady Laura, me leve pra casa
Lady Laura, me abrace forte
Lady Laura, me faça dormir
Lady Laura

Quantas vezes me sinto perdido
No meio da noite
Com problemas e angústias
Que só gente grande é que tem

Me afagando os cabelos
Você certamente diria:
Amanhã de manhã
Você vai se sair muito bem

Quando eu era criança
Podia chorar nos seus braços
E ouvir tanta coisa bonita
Na minha aflição

Nos momentos alegres

Sentado ao seu lado sorria
E nas horas difíceis podia
Apertar sua mão

Lady Laura, me leve pra casa
Lady Laura, me conte uma história
Lady Laura, me faça dormir
Lady Laura

Lady Laura, me leve pra casa
Lady Laura, me abrace forte
Lady Laura, me faça dormir
Lady Laura

Tenho às vezes vontade
De ser novamente um menino
Muito embora você sempre ache
Que eu ainda sou

Toda vez que te abraço
E te beijo sem nada dizer
Você diz tudo que eu preciso
Escutar de você

(Roberto Carlos)

Escreva aqui a canção que você mais gosta!

PARA SABER MAIS SOBRE TÍTULOS E
AUTORES VISITE NOSSO SITE:

www.jardimdoslivros.com.br
editorial@jardimdoslivros.com.br

Este livro foi impresso no Outono de 2007 na cidade de São Paulo. Foram utilizados os caracteres Minion Pro em papel couchê 150g/m².